Barbara Peters · Fides Friedeberg

Der Fundhund

Barbara Peters

Der Fundhund

Mit Bildern von Fides Friedeberg

Hase und Igel®

Für Lehrkräfte gibt es zu diesem Buch
ausführliches Begleitmaterial beim Hase und Igel Verlag.

Sonderausgabe mit Silbenhilfe

© 2023 Hase und Igel Verlag GmbH, München
www.hase-und-igel.de
Lektorat: Eva Christian
Satz: Appel Grafik München GmbH
Druck: Grafisches Centrum Cuno GmbH & Co. KG

ISBN 978-3-86316-292-4
2. Auflage 2024

Eva, Ole und Lukas sind
auf dem Spielplatz.
Die Sonne scheint
und es ist heiß.
„Puh, ich schwitze",
stöhnt Lukas.

Da ziehen dunkle Wolken heran.
In der Ferne blitzt es.
Dann grummelt der Donner.

„Wir müssen uns unterstellen!",
ruft Lukas.
Er rennt in ein Spielhäuschen.

7

Rasch laufen Eva und Ole
hinter ihm her.
Draußen blitzt
und donnert es wieder.

Dann kommt der Regen.
Es prasselt und platscht.
Es klatscht und jault.
Moment. Das Gewitter jault?

„Ein Hund!",
ruft Eva plötzlich.

Er sitzt
in einer Ecke des Häuschens.
Das Hündchen zittert und jault.

Vorsichtig gehen die Kinder
auf den Hund zu.
Eva streichelt ihn sacht.
Dann nimmt Ole ihn auf den Arm.
Die Kinder kraulen ihn,
damit er sich nicht mehr fürchtet.

Bald ist das Gewitter vorbei.
Die Kinder kommen
aus dem Spielhäuschen.
Ole setzt den Hund
auf den Boden.

„Lauf schnell nach Hause",
sagt Eva zu ihm.

Der Hund schaut sie an
und wedelt mit dem Schwanz.
Er bleibt einfach sitzen.

„Vielleicht hat er sich verlaufen",
überlegt Lukas.

„Lasst uns sein Zuhause suchen",
schlägt Ole vor.

14

Die Kinder und der Hund laufen
zu einem nahen Haus.
Dort wohnt Herr Busche.
Ole klingelt.

Herr Busche öffnet die Haustür.
„Hallo, ihr drei!",
sagt er freundlich.
„Kann ich euch helfen?"

16

Eva erzählt:
„Wir haben einen Hund gefunden."

„Wissen Sie, wem er gehört?",
fragt Lukas.

„Mir gehört das Hündchen nicht",
sagt Herr Busche.
„Aber fragt doch einmal nebenan.
Dort wohnt Frau Ritter."

Lukas ruft:
„Danke und auf Wiedersehen!"

Die Kinder laufen mit dem Hund
zum nächsten Haus.

Diesmal klingelt Lukas.
Frau Ritter öffnet die Tür.
„Hallo, ihr drei!",
sagt sie lächelnd.
„Kann ich euch helfen?"

20

Ole erklärt:
„Wir haben einen Hund gefunden."

„Wissen Sie, wem er gehört?",
fragt Eva.

Frau Ritter schüttelt den Kopf.
„Das ist nicht mein Hund",
sagt sie.
„Aber fragt doch einmal nebenan.
Vielleicht weiß Herr Schmidt Rat."

Ole ruft:
„Danke und auf Wiedersehen!"

Die Kinder gehen
zum nächsten Haus.

Jetzt klingelt Eva.
Ein junger Mann öffnet.
„Hallo, ihr drei!",
sagt Herr Schmidt.
„Kann ich euch helfen?"

24

Lukas erklärt:
„Wir haben einen Hund gefunden."

„Wissen Sie, wem er gehört?",
fragt Ole.

Herr Schmidt denkt nach.
Dann sagt er:
„Hat Frau Lind nicht einen Hund?
Fragt doch einmal nebenan."

„Danke und auf Wiedersehen!",
ruft Eva.

Schnell rennen die Kinder
zum nächsten Haus.

Ole klingelt.
Die Kinder und der Hund warten.
Niemand öffnet.
Dann klingelt Lukas.

28

Im Haus ist alles still.
Schließlich klingelt Eva Sturm.
Nichts rührt sich.

Da rennt der Hund plötzlich los.
Er läuft bellend zu einer Frau.
Sie kommt gerade
durch das Gartentor.

„Benni! Wo warst du?
Ich habe dich überall gesucht!",
ruft Frau Lind.

Lukas, Ole und Eva
erzählen Frau Lind,
wie sie Benni gefunden haben.
Frau Lind ist froh,
dass ihr Hund wieder da ist.
Als Dank lädt sie die Kinder
zu Kuchen und Limonade ein.